Vorwort

„Sagen, was ist" – das war schon immer Alfred Hoffmanns Art. Nicht lang drum rum reden, sondern Klartext. Damit machte er sich im Leben nicht immer nur Freunde. Einige Wahrheiten auszusprechen, dafür brauchte es etwas länger.

Krank, ungewollt, ein „unwertes Leben", immer wieder entwurzelt durch die Kriegszeiten und -zig Neuanfänge: Das hinterließ Narben auf der Seele. Narben, die es besser zu verdrängen galt, einige über 50 Jahre. Irgendwann, als Erwachsener – Alfred Hoffmann hatte längst seinen Platz in der Gesellschaft gefunden, im Beruf, in der Kommunalpolitik und vielen ehrenamtlichen Ämtern in der Musik –, wurde er sehr krank. Nicht nur körperlich – auch die verletzte Seele meldete sich zu Wort, verlangte nach Gehör. In der Kur riet eine Psychologin ihm, sich die Erlebnisse der Kindheit von der Seele zu schreiben. Das brach alte Wunden auf; längst verschüttete, zum Teil bruchstückhafte Erinnerungen kamen zum Vorschein.

Sie finden sich in diesem Lebensbericht, ohne Anspruch auf Vollständigkeit oder Chronologie; die Geschichten aus der frühsten Kindheit wurden ihm selbst erzählt: von den Eltern, Verwandten, Wegbegleitern, zum Teil Jahrzehnte später. So ergibt sich das Mosaik einer Fluchtgeschichte in Kriegszeiten. Brutal, erschütternd, und gerade deshalb wert, vor dem Vergessen bewahrt zu werden. Dies ist das Anliegen dieses Buches.

Dank

Wenn das Schicksal es nicht gut mit mir gemeint hätte, wäre ich heute nicht mehr am Leben. Ich habe im Laufe meines Lebens viele Schutzengel gehabt, einige in menschlicher Gestalt: Das Ehepaar Lydia und Albert Künzler, die mich wie ihren Sohn aufgenommen haben sowie ihre Kinder Alfred, Alfons, Alma und Herta, aber auch Alida Bösen, die mich 1945 beim Bombenangriff rettete, indem sie ihren eigenen Körper als Schutzschild einsetzte. Ihnen allen gilt mein tiefer Dank.

Vor allem aber möchte ich meiner Ehefrau Marianne danken, die mich bis heute begleitet und geleitet hat – ohne sie wäre ich heute nichts.

Arme Maus und reicher Bauernsohn

Ich bin das zweite Kind von Arnold und Lydia
Hoffmann. Als meine Mutter Lydia Marks 1918
in Nikolajewka, Kreis Bender (Bessarabien), als
fünftes Kind geboren wurde, verstarb ihre Mutter
sechs Tage später im Kindbett. Ihr Vater war ein
einfacher Landarbeiter und konnte sich nicht um
seine kleine Tochter kümmern. Meine Mutter
wuchs als Pflegekind bei Nachbarn, der Familie
Wildermuth, auf. Die Nachbarin hatte meiner
Großmutter auf dem Sterbebett versprochen, sich
um die „Luzi" zu kümmern. Und das taten sie
und ihr Mann auch.

Die Familie Wildermuth besaß eine Mühle. Sie
regierten das Dorf. Er war Bürgermeister, bei
Streitigkeiten wie in der Ehe schlichtete er. Er
war das Gesetz. Der Mühlenbesitzer hatte selbst
neun Kinder aus verschiedenen Ehen – seine
erste Frau war früh gestorben. Wie das damals
eben so war: Wenn die Leute krank wurden,
starben sie. Meine Mutter wurde dort
aufgenommen und mit den anderen Kindern
großgezogen. Die leiblichen Söhne der
Wildermuths konnten alle höhere Schulen

besuchen und studieren – in Heidelberg, Wien. Aus allen ist später etwas geworden: Doktoren, Professoren, Tierärzte. Doch auch meine Mutter hatte es gut: sie durfte Schneiderin werden, und ihre Pflegegeschwister sorgten dafür, dass sie ihre eigene Nähmaschine bekam.

Dann verliebte sie sich in den reichen Bauernsohn Arnold Hoffmann. Das sollte aber nicht sein: ein Findelkind, eine so genannte arme Maus – so etwas heiratet der Sohn eines großen Hofbesitzers, dessen Familie Reitpferde und Weinberge hatte, doch nicht! Schon eher die Nachbarstochter, die auch eine gehörige Aussteuer mit in die Ehe brachte. Doch die hätte Arnold Hoffmann nicht gewollt – er wollte die Luzi.

Trotz allem wurde am 25. März 1938 geheiratet. Es war jedoch sehr schwierig – es war ja keine standesgemäße Verbindung, noch dazu eine der Schande, denn „sie hatte ja was unter der Schürze", wie es auf Schwäbisch hieß. Geheiratet wurde vorerst nur standesamtlich und in Schwarz, eine kirchliche Trauung verbat sich.

Nur vier Tage später wurde Viktor, mein älterer Bruder, geboren. Meine Mutter hatte vergeblich versucht, das Kind loszuwerden. Er war nicht lebensfähig und starb mit nur viereinhalb Monaten.

Die kirchliche Trauung wurde erst im Juni 1938 nachgeholt. Der Pastor war wohl ein guter Pastor, er hatte aber auch einen gesegneten Appetit. Sein ständiger Begleiter war ein Ziehharmonika-Koffer, und als er die Feier meiner Eltern verließ, hatte nicht nur er, sondern auch sein Koffer wie immer zu solchen Anlässen erheblich an Umfang zugenommen.

Am 24. September 1939 sollte ich die Welt erblicken. Ich hatte zuerst auch abgetrieben werden sollen – die Bessaraber sind da ganz brutal, nicht nur in ihrer Aussprache.

Meine erste Rettung

Fast zur gleichen Zeit brach der Zweite Weltkrieg aus. Die Deutschen marschierten in Polen ein; die beiden Diktatoren Adolf Hitler und Stalin teilten im Rahmen des Hitler-Stalin-Pakts Polen und die Bevölkerung willkürlich auf – auch uns, die Menschen in Bessarabien. Auch wir mussten im Herbst 1940 unser Zuhause verlassen, mit nichts als einem Koffer. „Heim ins Reich" nannten sie diese Ausbürgerung, bei der wir unsere Heimat verloren.

Auf dem Bahnhof in Chişinău (deutsch: Kischinau), der heutigen Hauptstadt von Moldawien, standen zwei Züge: Einer fuhr in Richtung Schwarzes Meer, wo die Schiffe warteten. In den anderen kamen die Menschen, die heute die Russlanddeutschen genannt werden. Die wollte Stalin haben. Die Tante Emma, „die dumm' Kuh, isch in falsche Zuch hineingschtiegen", hieß es später immer – sie wurde nach Sibirien deportiert.

Wir wurden mit dem Zug nach Odessa gebracht, und dann aufs Schiff, das über das Schwarze Meer die Donau hochfuhr. Meine Mutter und ich waren an Bord; mein Vater war schon im Krieg. Er war früh eingezogen worden, und zwar ins rumänische Heer. Als reicher Bauernsohn hatte er ein Pferd mitgebracht und einige Zentner Hafer. Das sicherte ihm einen gehobenen Posten und einen eigenen Stiefelknecht. Später war er in der Deutschen Armee in einer ganz schlimmen SS-Einheit: in Adolf Hitlers Leibstandarte. Die ist vorweg gegangenen und hat aufgeräumt, was aufzuräumen war. Er geriet schon früh in Kriegsgefangenschaft und wurde als Gefangener nach Sibirien verbracht. Den Krieg überlebte er an Leib und Seele geschädigt.

Bei Semlin, im damaligen Jugoslawien, ging das Schiff vor Anker. Dort war eines dieser Lager für Juden und Kommunisten – alle die, die Hitler nicht gebrauchen konnte. Männer kamen an Bord; sie stempelten alle unter dem Arm. Meine Mutter hat bis zu ihrem Tod geglaubt, das „A" wäre ihre Blutgruppe – aber die hatten alle die Blutgruppe A. Es war das Zeichen für Arier.

Auf den Schiffen kontrollierte uns auch die SS. Alles „unwerte Leben" wurde aussortiert. Die haben auch Kinder genommen, die nicht lebenswerten oder lebensfähigen. Ich war sehr krank. Damals hieß es „skrofulös“, heute würde man wohl „Krätze“ sagen. Ich war am ganzen Körper voll davon, fast blind und es gab keine Möglichkeit, das zu heilen. Hätte ein Matrose mich nicht im Maschinenraum versteckt, so wäre ich damals, gerade mal zwei Jahre alt, für immer verschwunden – so hat meine Mutter es mir irgendwann später einmal erzählt. Ein Bootsmann war meine erste Rettung. Es sollte beileibe nicht meine letzte sein.

Rettung Nummer Zwei

Dann sind wir in Österreich, in Schlierbach bei
Wien in einem Kloster gelandet, ich war zwei
Jahre alt. Später bei Geburtstagen und
Familienfeiern hat meine Mutter gern die
Geschichte erzählt, wie ich dort mit den Worten:
„Mama, Hundle, Hundle!" immer die Wanzen
fangen wollte.

Ich war fürchterlich verlaust und krank. Weil mir
die eitrige Krätze Schmerzen bereitete, schrie ich
oft. Und dann gab es wieder mal eine Kontrolle.
Man hat dann versucht, mich mit irgendwelchen
Mitteln so gut es ging ruhig zu stellen. Eine
Nonne hat meine Mutter beiseite genommen und
gemeint: „Gute Frau, wenn Sie ihr Kind retten
wollen, verstecken Sie es, aber ganz schnell!"
Aber da war es schon zu spät, man hörte schon
die Schächtstiefel der SS-Leute, die anmarschiert
kamen. Sie guckten und zeigten auf alles, was
irgendwie krank war. Egal, ob Kind, alt oder
jung – sie verschwanden und man hat sie nie
wieder gesehen. Und was machte die gute
Nonne? Sie hob ihren Kladderadatsch, hoch,
steckte mich unter den schweren Stoff ihres

Ordensgewandes – da war es wohl schön warm. Als die SS durch kam, soll ich ruhig geblieben sein. Ich war ein zweites Mal gerettet.

Die neue Heimat

Neun Monate blieben wir in diesem Lager. Im Spätsommer 1941 wurden wir nach Westpreußen umgesiedelt, nach Martershausen im Kreis Krone bei Bromberg, heute Bydgoszcz, eine wunderschöne Stadt. Inzwischen war ich fast zwei Jahre alt.

Wir wurden auf die Höfe gesetzt, die polnischen Besitzer wurden von ihrem Grund und Boden vertrieben. Wer bleiben wollte, wurde zu Magd und Knecht, wir wurden die neuen Besitzer.

Unsere Mutter hat dort die Landwirtschaft gemacht. Vater kam nur von der russischen Front, wenn er Urlaub von den Soldaten hatte, und hat dann jedes Mal ein Kind gezeugt: 1942 meinen Bruder Axel und 1943 meine Schwester Barbara. Meine Mutter hatte dann alleine drei Kinder zu versorgen und die Landwirtschaft, und das auf einem fremden Hof. Dort haben wir bis 1945 bis zur Flucht gelebt.

Für meine Mutter war es nicht leicht dort. Die Besitzer und die Alten auf dem Hof wurden verjagt; gewehrt haben sich die wenigsten. Sie hatten einfach Angst. Nur die Arbeiter durften bleiben. Die, die nicht kooperierten, wurden verschleppt. Ein polnischer Knecht, Wassily, hat gut zu meiner Mutter gehalten und stand ihr bis zuletzt treu zur Seite.

An Martershausen habe ich noch schwache Erinnerungen. Viele Jahre später bin ich einmal mit meiner Frau Marianne dort hingefahren. Ich konnte mich noch genau an den Weg zum Teich erinnern, in dem wir immer gebadet hatten, da waren die Maschinenschuppen mit Heu, dort die zwei Pfeiler zur Hofeinfahrt, die standen da noch. Auch die zwei großen Walnussbäume waren noch da, nur die Scheune, der Dreschplatz und die Pferdeställe waren weg. Wir haben den Sohn kennengelernt, der genau in meinem Alter war. Und auch seine Mutter, die jetzt wieder auf ihrem Hof wohnt.

Flucht mit der neuen Familie

Ich war immer noch oft krank. Da hat man eine Zigeunerin aufgetan, eine Heilerin. Die hat mit Besprechen und Kräutertüchern die Krätze geheilt. Irgendwann war sie nur noch am Kopf und Gesicht, der Rest war verheilt, danach war ich wochenlang fast blind. Dann schlug es auf die Brust, dann ans Geschlecht, dann wieder hoch. Die Tücher, wenn sie vollgesuppt waren, wurden verbrannt. Irgendwann war hinten am Nacken ein dicker Knoten von der Größe eines Hühnereis. Ich kam nach Bromberg ins Krankenhaus und er wurde wegoperiert. Da war es vorbei mit der Krätze – bis heute ist nur eine kleine Narbe am Kopf geblieben.

Auch danach habe ich noch schlecht gegessen und war ziemlich kränklich. Damit ich mich erholen konnte, gab mich meine Mutter weg. Gegen Ende 1994 kam ich im Alter von Fünf zu den Künzlers. Lydia Künzler war eines der Kinder in der Pflegefamilie meiner Mutter, fast wie eine Schwester.

Die Familie Künzler, das waren dann später mein Onkel Albert und Tante Lydia und meine

Cousinen und Cousins, obwohl wir gar nicht verwandt sind. Zu denen, die noch leben, habe ich auch heute noch das beste Verhältnis. Das war und ist praktisch meine Familie.

Im Januar 1945 holte der Krieg uns ein und mit ihm die Russen; zwischen Martershausen und Lutschmin, dem Dorf, wo ich mit den Künzlers wohnte, brach der Russe durch. Es war nur eine Frage der Zeit, bis der Ort von einer Bombe getroffen wurde. Wir mussten fliehen.

Tante Lydia – ihr Mann war natürlich auch im Krieg –, hatte vier Kinder; ich war dann das fünfte. Sie haben mich auf ihrem von zwei Pferden gezogenen Planwagen mitgenommen bis hier in den Westen. Die Flucht ab Ende Januar 1945 war schlimm, die anrückenden Russen im Rücken, es herrschte eisiger Winter. Ab da setzen meine eigenen bruchstückhaften Erinnerungen ein: Fliegeralarm, Flüchten, Verstecken, und dann waren wir in einer größeren Stadt, in einem Schulhaus oder Krankenhaus, und auch da sind Bomben eingeschlagen, und dann mussten wir wieder flüchten.

Unsere Mutter war mit meinen beiden Geschwistern schon weg aus Martershausen – aber getrennt worden waren wir ja schon vorher.

Unsere Mutter, so hat sie mir später berichtet, hatte noch eben einige Sachen zusammengepackt und dieser Pole hatte ihr noch schnell geholfen, damit sie in Gang kommt mit den Pferden, musste nachher aber um sein eigenes Leben fürchten und hat sich abgesetzt. Sie hat sich dann irgendeinem Treck angeschlossen. Da waren auch Verwandte aus ihrem Dorf dabei. So sind sie dann bis nach Mecklenburg-Pommern in die Nähe von Schwerin gekommen.

Einmal, als sie in einer Scheune übernachteten, kamen englische Soldaten, die haben gesagt: „Alle, die hier sind, ihr seid gerettet, der Russe tut euch nichts, ihr könnt ohne Bedenken bleiben." Alle haben das geglaubt und sind geblieben. Aber die Engländer und Amerikaner wollten keine Flüchtlinge mehr über die Elbe lassen. Das wären zu viele hier und sie sollten da bleiben, wo sie waren. Und so sind am anderen Morgen die Türen aufgeflogen und die Russen kamen herein und haben alles, was sich bewegte, vergewaltigt, darunter sogar Kinder, die waren noch keine vier Jahre alt.

Bombenangriff

Ich selbst bin mit Tante Lydia und ihren Kindern in den Westen bis Sottrum geflüchtet. Im Frühling 1945, noch bevor die Engländer kamen, haben wir bei Soltau die alte Bundesstraße 71 erreicht. Zwischen Neuenkirchen und Schneverdingen, wenn man von Brockel aus kommt und nach Neuenkirchen an der Gärtnerei vorbei fährt, liegt rechts ein Parkplatz. Da sind auch heute noch die Überreste der alten Bahnlinie Lüneburg-Schneverdingen-Visselhövede. Die Schienen sind lange weg, aber die Trasse ist noch gut zu sehen und die Warnschilder stehen dort noch.

Wir kamen mit dem Treck von Soltau in Richtung Neuenkirchen. Auf den Gleisen stand ein Militärzug mit Panzern und Flakabwehrgeschützen drauf – deutsche Soldaten, die meinten, sie könnten den Krieg noch gewinnen. Plötzlich tauchten englische

Tiefflieger auf, die den Zug bombardierten. Die Deutschen schossen vom Zug aus zurück. Die Bomben der Engländer trafen nicht nur den Zug, sondern auch den Flüchtlingstreck. Was ich gesehen habe, sind meine Alpträume, die mich bis heute begleiten: Ich habe gesehen, wie Planwagen zerrissen; Arme, Beine, Köpfe und Pferdeleiber durch die Gegend flogen.

Im Wald war ein Forsthaus mit einem Luftschutzbunker im Keller, da sind die Überlebenden hingelaufen. Dazu gehörten auch die Künzlers, die waren natürlich wie alle in heller Panik.

Nur ich blieb heulend auf dem Planwagen zurück.

Der dritte Schutzengel

Was sich dann zugetragen hat, habe ich viele Jahre später erzählt bekommen. Und zwar beim Kreismusikfest 1995, das vom Spielmannszug Westervesede ausgerichtet wurde. Ich saß mit all den Offiziellen bei Kaffee und Kuchen bei Tisch.

Da kam Johannes Bösen, später Bandleader der „Bösen Buben", zu uns an den Tisch und meinte: „Min Frau sit dor und meint, die hat dir mol dat Leven gerett". „Mir? Dot wüsst ick ober!", entgegnete ich. Nun waren auch die anderen am Tisch neugierig geworden, aber sie wollte partout nicht zu uns kommen. Bodo Räke, damals noch Bürgermeister von Rotenburg, ist dann aufgestanden und hat sie zu uns an den Tisch geholt. Das war Alide Bösen aus Sottrum. Sie hatte mich die ganzen Jahre gekannt und ist mir später, wie sie sagte, immer hinterhergereist, wenn ich irgendwo in Sachen Musik unterwegs war. Sie hatte sich aber nie getraut, mich auf unser gemeinsames Erlebnis anzusprechen. Als sie mir davon erzählte, kamen Erinnerungen wieder hoch.

Ich soll damals bei dem Luftangriff auf dem Wagen geschrien haben, immer nur geschrien. Als wieder Tiefflieger im Anflug waren, wurde ich auf einmal geschnappt und in den Graben gestoßen. Vom Forsthaus war ein junges Mädchen zurückgekommen und hat sich auf mich geworfen, um mich mit ihrem Körper zu schützen. Beinahe wäre ich ersoffen, weil da noch so viel Wasser drin war. Alide muss damals 14 oder 15 gewesen sein. Mit ihrem Körper hatte sie mich geschützt – und indem sie mich in den Graben zog, war zu meinem dritten Schutzengel geworden. Auch ihr verdanke ich mein Leben.

Dass ich sie, inzwischen hochbetagt, an meinem 80. Geburtstag zu meinen Gästen zählen durfte, hat mich besonders berührt und gefreut.

„Help"

Das nächste, woran ich mich erinnern kann, ist ein Wort: „Help". Immer wieder tönte es durch den angrenzenden Wald: „Help, Help" – was das Wort genau bedeutete, erfuhr ich erst später, als die Beatles kamen.

Beim Luftangriff, den ich nur mit knapper Not überlebt hatte, hatten die deutschen Soldaten einen englischen Flieger abgeschossen. Der Pilot hatte sich mit einem Fallschirm gerettet und ist in diesem Wäldchen über Kopf in einem Baum hängengeblieben und hat immer geschrien: „Help". Ich habe diesen Menschen gesehen. Ich habe ihn heute noch vor Augen, wie der da hing. Dann kamen deutsche Soldaten, es machte „radadadat" und dann war Stille. Sie hatten ihn erschossen. Manchmal habe ich heute noch „Help" im Ohr – doch leider nicht das der Beatles.

Der Waggon am Bahnhof

Die folgende Geschichte habe ich nicht selbst erlebt. Vielmehr hat sie mir der Kunstmaler Franz Veersemann anvertraut, mit dem ich mich in den 1970er Jahren angefreundet hatte und der mich mehrere Male zuhause besuchte. Mir ist jedoch wichtig, dass das, was auch bei uns in Brockel unter den Nazis passiert ist, für die Nachwelt festgehalten wird. Auch hier bei uns gibt es Menschen, die die Geschehnisse dieser Zeit am liebsten vergessen würden oder gar leugnen, was geschehen ist. Ich habe jedoch keine Zweifel daran, dass sich alles so zugetragen hat, wie Franz Veersemann es mir geschildert hat. Die Geschichte ist mir auf Nachfrage von mehreren Zeitzeugen bestätigt worden; weitere Aufschlüsse geben einige Dokumente aus dem Kreisarchiv Rotenburg.

Im April 1945 wurde ein Waggon mit Häftlingen auf der Fahrt ins Konzentrationslager Bergen-Belsen hinter dem Bahnhof Brockel auf einem Abstellgleis abgestellt. Der Zug war von englischen Tieffliegern angegriffen worden. Die Begleitmannschaft hatte den Waggon mit den

Häftlingen stehen gelassen und sich aus dem Staub gemacht. Junge Männer vom „Volkssturm", fast noch Jugendliche aus Brockel, bekamen als sogenannte Heimatfront-Verteidiger Gewehre in die Hand gedrückt und den Befehl, niemand an den Waggon heranzulassen. Sie hatten strikten Schießbefehl. Beaufsichtigt wurden die Jugendlichen von drei bis fünf Soldaten, die bei Sievers einquartiert waren, darunter ein junger Leutnant namens Rauscher.

Die Häftlinge, vermutlich vor allem Juden und Polen, wurden nicht mit Essen und Trinken versorgt. Ihre Notdurft mussten sie im Waggon verrichten. Die Schreie der Verhungernden und Verdurstenden sollen im Ort deutlich zu hören gewesen sein. Eine Frau wollte den Menschen helfen und ihnen, gegen den Protest ihrer Familie, eine Milchkanne Wasser und einen Laib Brot bringen. Die Jugendlichen aus dem Ort luden die Gewehre durch und wollten auf die Frau schießen, trauten sich aber nicht, weil sie ihnen beherzt entgegentrat. Auch der junge Leutnant Rauscher kam ihr zu Hilfe und hielt die jungen Brockeler davon ab, ihre „Pflicht" zu tun.

Da der Waggon nicht zu öffnen war, warf sie das Brot und die Kanne von oben auf die Gitter.

Als der Zug nach mehr als einem Tag schließlich weiterfuhr, wurden vor der Abfahrt die Verstorbenen aus dem Zug in einem Massengrab am Bahnhof verscharrt. Nur ein Jahr später wurde die Grabstätte als Ackerfläche genutzt; als die britische Militärregierung davon erfuhr, wurde dies strikt untersagt. Die Fläche wurde mit einem weißen Zaun eingezäunt; bei uns hieß sie „der Judenfriedhof". Hier kamen wir vorbei, wenn wir an der Bahnhofsbrücke zum Baden an die Wiedau gegangen sind.

1964, das geht aus einem Artikel von Pastor Ralf Altebockwinkel im Gemeindebrief hervor, wurden die Leichen auf Beschluss des Brockeler Gemeinderates exhumiert. In der Brockeler Dorfchronik finden sich Hinweise, dass dies von der Brockeler Feuerwehr vorgenommen wurde. Die sterblichen Überreste wurden auf die Kriegsgräberstätte Sandbostel umgebettet. So kam die wahre Zahl der Toten ans Licht: Statt der vermuteten 20 waren es 41 Zwangsarbeiter, die am Bahnhof in Brockel ihr Leben gelassen hatten.

In den 1990er Jahren habe ich gemeinsam mit Pastor Walter Merz mehrfach Interessierten, darunter auch Konfirmandengruppen, von diesen Geschehnissen erzählt. Dafür wurde ich im Ort immer wieder von einigen Mitbürgern scharf angegriffen – man solle die „Geschichte ruhen lassen“, so gab man mir zu verstehen.

Die Wiestebrücke bei Sottrum

Im April 1945, ich war inzwischen fünf Jahre alt, endete meine Flucht mit den Künzlers. Sie waren meine Familie. Wir sechs, also Tante Lydia mit ihren vier Kindern und ich, kamen auf dem Bauernhof bei Heide Röhrs oben an der Autobahnbrücke unter.

Dort hatten wir ein Zimmerchen. Um dorthin zu gelangen, mussten wir immer durch deren Küche gehen, das hat ihnen nicht besonders geschmeckt. Der alte Bauer war aber ein sehr guter Mensch. Ich habe auf einer Kleiderkiste unter dem Fenster geschlafen, auf die man eine Decke gelegt hatte, mir ging es gut. Ich wurde von Alfons und Alfred gehänselt. Alfons mochte mich, aber er musste mich immer ein bisschen triezen.

Der Krieg war noch nicht zu Ende, die haben immer noch verrückt gespielt. Das Schlimme war, dass in der Diele vom Bauernhof bei Heide Röhrs noch zwölf junge Soldaten Quartier bezogen hatten, die die Hosen gestrichen voll hatten. Und ein irrsinniger SS-Leutnant schickte sie los – die Panzer waren schon im Anmarsch –, um die Autobahnbrücke bei Stuckenborstel und die Wiestebrücke in Sottrum zu sprengen und so den Feind aufzuhalten.

Die Wiestebrücke haben sie tatsächlich kaputt gekriegt, die Autobahnbrücke nicht. Aber die Engländer kamen trotzdem. Und wir Kinder waren mittendrin. Bei unseren Streifzügen hatten wir entdeckt, dass da noch Flarakstellungen mit den großen Scheinwerfern waren, die funktionierten noch. Die ganze Straße war gespickt mit Flarakstellungen, die die Autobahn und die Auffahrten hatten schützen sollen. Man konnte zwar nicht mehr damit schießen, aber das Geschütz ließ sich noch bewegen und drehen – und das taten wir, denn es kamen ja immer noch feindliche Flieger. Die Lichteinwirkung durch unser Spiel tat ihre Wirkung: Die Piloten wurden geblendet – und dann haben sie uns beschossen. Sie müssen gedacht haben, die Stellung wäre noch besetzt. Gottlob wurden wir nicht getroffen. Zuhause gab es dann eine ordentliche Tracht Prügel.

Nicht nur Hamstern

In Sottrum kurz vor der Autobahnauffahrt Richtung Bremen, wo jetzt der Park-und-Ride-Parkplatz ist, haben wir mit Munition unten in der Kuhle gespielt. Dort wurden auch alle Medaillen und Nazisymbole vergraben – und wir Kinder haben sie wieder ausgebuddelt.

Meine Ziehbrüder, die ich anderen gegenüber immer „Cousins“ nannte, sind dann auch immer mit mir losgezogen – sie haben dann Milch „gefunden“ und Eier, und ich habe Schmiere gestanden. Und dann kamen wir nach Hause: „Guck, Tante Lydia, wir hen Eier un wir hen a Milch!“ „Wo het ihr das her?“ „Des hamma gefunden“ – diese Antwort hatten mir meine Cousins eingeschärft. Das war kein Hamstern mehr – wir sind einfach in den Stall gegangen und haben die Nester geräubert und die Kuh gemolken, so groß war unsere Not.

Wer hat Angst vorm schwarzen Mann?

Eine weitere Episode, an die ich mich noch gut erinnern kann: Zu dem Bauernhof gehörte ein großer Obstgarten. Im Frühjahr 1945 standen dort auf einmal zwei Panzer zwischen den Bäumen. Neugierig, wie Jungs so sind, lief ich hin, um zu gucken. Plötzlich ging die Luke auf, ein Kopf tauchte auf; pechschwarz, weiße Zähne. Meine große „Schwester" Herta, für die ich wie ein kleiner Bruder war, sagt, ich hätte geschrien wie am Spieß. Zuerst habe ich Reißaus genommen – ich hatte Angst, da kommt der Teufel; so einen Menschen hatte ich vorher noch nie gesehen. Dabei wollte er mir gar nichts Böses. Er tauchte wieder ab, und als er wieder raus kam, hielt er mir eine Tafel Schokolade hin. Ich erinnere mich noch wie heute, wie ich mich ganz vorsichtig angeschlichen habe. Dann habe ich mir die Schokolade geschnappt und habe, so schnell ich konnte, das Weite gesucht.

Zurückgelassen

Insgesamt verbrachte ich nur gut ein Jahr bei den Künzlers, aber in meiner Erinnerung war das meine Kindheit. Dort war ich willkommen, wurde gut behandelt, umsorgt und beschützt.

Es gibt Erlebnisse im Leben, mit denen schließt man irgendwann ab. Andere beschäftigen einen eine lange Zeit, vielleicht ein Leben lang. Kurz nach Kriegsende war meine Mutter wohl zwei Mal in Sottrum. Sie war schwarz über die Grenze gekommen. Das habe ich aber erst später erfahren, und zuerst nur von anderen. Beide Male hat sie mich nicht mitgenommen und ist ohne mich nach Mecklenburg-Vorpommern zurückgekehrt.

Die Sottrumer haben Stillschweigen bewahrt und mir nie etwas erzählt. Es war meine Mutter selbst, die sich irgendwann mal verraten hat, als sie meinte: „du hast in Sottrum auf so einer Kiste geschlafen“, und ich dachte mir: „Woher weiß sie das?“

Später, beim 80. Geburtstag einer Cousine in Sottrum, habe ich mich mit Tante Hulda über die

Vergangenheit unterhalten, sie kannte mich noch aus Bessarabien. Tante Hulda meinte: „Alfred, wos moinst du, deine Mutter wollte dich doch gar nicht mehr haben, die hat dich doch damals in Westpreußen schon weggegeben." Das ist auch wohl so gewesen. Weil ich kränklich war – wie früher bei den Tieren? Sie war wohl überfordert. Beide Male hatte sie mich holen sollen. Als ich meine Mutter irgendwann darauf ansprach, druckste sie herum und meinte: „Ach Tante Hulda, die erzählt immer dummes Zeug".

Viele Jahre später, als sich bei meiner Mutter die ersten Anzeichen von Demenz abzeichneten, habe ich sie zur Rede gestellt. Sie meinte: „Wenn im Vogelnest ein Junges zu viel ist, schmeißt die Mutter eins raus, damit die anderen leben können." Erst 2014, kurz bevor sie starb, hat sie mir offen eingestanden, dass sie mich damals nicht mehr hatte haben wollen. Sie meinte, ich wäre sowie so nicht lebenswert gewesen – das hatten Hitlers Schergen ja auch schon gesagt. Ich habe ihr verziehen.

Wieder entwurzelt

Die von Armut geprägte, aber behütete Zeit bei den Künzlers, die mich wie ihr eigenes Kind umsorgten, sollte nur von kurzer Dauer sein. Schon bald mussten die Sottrumer das Kämmerchen hinter der Küche räumen und ins Pastorenhaus an der Kirche umziehen; da, wo heute das Gemeindebüro ist. Dort habe ich noch eine kurze Zeit mit gewohnt.

1946, kurz vor meiner Einschulung, wurde ich im Alter von sechs Jahren von der Familie meines Vaters nach Bartelsdorf geholt. Ich glaube nicht, dass die Sottrumer mich weggeben wollten. Aber Oma Hoffmann – die war die Patriarchin, Opa Hoffmann war schon verstorben, – wollte es wohl so. Ich musste zu Mathilde, der Schwester meines Vaters, und ihrem Mann Karl.

Das war das dritte Mal, dass ich als Kind in einer neuen Familie ganz neu anfangen musste. Ich lief weg, ich wollte da nicht hin, und meine Befürchtungen hinsichtlich meiner neuen Familie wurden leider von der Realität noch weit übertroffen. In der Bartelsdorfer Familie bekam ich mehr Schläge als zu Essen. Da waren ja schon die eigenen drei Kinder. Mein Onkel war kriegsversehrt, das eine Bein fehlte ab dem Knie. Um mich dennoch maßregeln zu können, griff er nicht selten zur Peitsche.

Ich wurde dort bei Ehlermann eingeschult. Da wo später die Gaststätte und der Laden Ehlermann waren, da gab es eine Schulklasse; erst unter Lehrer Schönfeld aus Wohlsdorf, später unter Lehrer Wahlers. Ich wollte da nicht sein; ich hab dann draußen unter den Kastanien gesessen, und dann kam Schönfeld raus: „Alfred, nun komm doch bitte rein." Da hab ich mich dann bequemt. Ich war aufsässig, musste mich prügeln, kurz: ich war ziemlich schlimm.

Immer der Außenseiter sein, immer kämpfen – das hat wohl dazu beigetragen, dass ich ein störrisches Kind war und durch die ewige Abwehr auch angriffslustig. Das sollte mir auch als Jugendlichem so manches Mal im Weg stehen und so manche Tracht Prügel, bis zum Krankenhausaufenthalt, einbringen.

Sündenbock

Wir waren Kinder, ich muss sechs oder sieben gewesen sein, natürlich haben wir gespielt. Es war 1946, in der Erntezeit. Der Eckesbauer Bartelsdorf auf der anderen Straßenseite holte das Korn ein. Die beiden Getreidewagen waren die mit einer langen Deichsel verbunden. Er hielt die Pferde an und ließ die großen Leiterwagen mit den großen Speichenrädern mit Eisenbeschlägen auf der Straße stehen und ging ins Haus, um etwas zu trinken. Wir drei, Emil und Erika und ich, haben uns auf die Deichsel gesetzt und fingen an zu schaukeln. Dass der Bauer wieder rauskam, haben wir gar nicht mitgekriegt. Und er hat wiederum uns Kinder nicht bemerkt. Auf einmal hörten wir „Hü“, der Wagen ruckte an. Als die Pferde anzogen, ließen wir beiden Jungs uns fallen und blieben in der Mitte liegen. Erika wollte springen – und geriet unter die beiden großen Räder. Sie war sofort tot. Ich bekam dafür die Schuld und sollte es bitter büßen – ab da hatte ich keinen guten Moment mehr.

Karl Weber hat mich fast totgeschlagen. Immer wieder hat er mich mit der Peitsche gehauen. Nur mich, nicht seine eigenen Kinder. Wann immer irgendwas war, grundsätzlich hatte ich Schuld. Ich war wieder mal unwert, und das bekam ich zu spüren.

Familienzusammenführung

Irgendwann, ich muss um die acht Jahre gewesen sein, hatten sie mir mal wieder mein Brot weggenommen. Da stand ich dann, so erzählte es mir später meine Mutter, auf der Straße und weinte, weil ich solchen Hunger hatte. Da stand eine Frau vor mir und hat mich gefragt: „Bub, warum weinscht?" „Mir henn sie wieder mein Brot weggenommen!" Da sagte sie: „Dir nimmt keiner mehr das Brot weg. Dafür werde ich sorgen – ich bin deine Mama." Irgendwie hatte sie Wind davon bekommen, wie ich in Bartelsdorf behandelt wurde – vielleicht haben die Sottrumer sie benachrichtigt. Dann hat sie mich doch noch zu sich geholt; das war im Herbst 1947.

Die falsche Schlange

So kam ich in die so genannte „Ostzone", nach Crivitz am See. Dort gab es einige Wochenendhäuser. Wir wohnten bei meiner Tante Erna, der Frau von Papas Bruder Benjamin. Sie durfte aber nicht bei ihm sein – sie war auch vergewaltigt worden und hatte ein „Russenmädchen" geboren. Damit war sie eine „Russenhur" und musste in diesem Wochenendhaus bleiben.

Dort erst lernte ich dann meine Geschwister kennen. Weil unsere Bleibe im militärischen Sperrgebiet lag, sind wir von dort aus nach Plate bei Schwerin gezogen. Erst haben wir bei Familie Schirmmacher in der Futterküche gewohnt, zwischen den großen Kesseln, in denen Kartoffeln gekocht und gestampft wurden für die Schweine. Von da aus ging es ein paar Stufen hoch, da war ein Zimmer, und da haben wir zu viert gehaust.

In dieser Zeit freundete ich mich mit einem alten Töpfermeister an. Er bediente die alte Ziehbrücke über die Stör. Er nahm mich mit zum Angeln, meistens Aale, die wir auch nachts in den Wiesen gefangen haben. Ich weiß noch, wie ich den ersten Aal in einem Topf mit nach Hause gebracht habe und den Deckel aufmachte. Unsere Mutter ist fast in Ohnmacht gefallen – die dachte, das wären Schlangen; Aale kannte sie bis dahin nicht. Davon hat sie dann Suppe gekocht. Wir waren für alles dankbar, was im Topf landen konnte.

Schon bald mussten wir unsere kleine Kammer bei den Schirmmachers räumen. Sie meinten, sie brauchten den Raum; die Tochter wollte heiraten. Umziehen waren wir ja gewöhnt. Die nächste Station waren zwei Zimmer im Dachgeschoss einer Gaststätte, unten war außerdem ein Kaufmannsladen. Der Besitzer gab sich als größter Kommunist. In Wahrheit war er, was sich allerdings erst später herausstellen sollte, ein übler Nazi.

Über dem Saal war ein Boden. Über eine Bohle ging es zu zwei Zimmern für die Bediensteten; eines war die Küche, in dem anderen haben wir geschlafen, die Notdurft haben wir in einem Eimer verrichtet.

In der Riesenwaschküche, die zum Waschen der Hotelwäsche vorgehalten wurde, hielt ich Kaninchen und Hühner. So hatten wir etwas zum Essen, aber auch zum Tauschen: Kaninchenfleisch gegen Kleidung, so ging das Tauschgeschäft. Ab und an hat meine Mutter selbst ein Kaninchen geschlachtet, damit wir etwas zu Essen hatten. Meine Mutter arbeitete bei den Bauern meist nur für Essen, nicht immer reichte es. Sie ist bei dem Bauern Melken gegangen, bei dem die Schwägerin unserer Mutter, Tante Erna, auch war; später war sie Obermelkerin bei Leuten, die auf ihrem Riesengutshof geblieben waren und weitergemacht hatten. Die sind später in der DDR enteignet worden.

Frostig

Plate war eine Region der Seen und überschwemmten Wiesen. Im Winter waren sie oft gefroren und so entstanden fast endlose Eisflächen. Ich konnte schon früh einigermaßen Schlittschuh fahren und hatte auch welche zum Unterschnallen, noch mit Hackenreißern. Lange Nachmittage war ich draußen an der frischen Luft. Irgendwann bin ich, es war schon halbdunkel, über einen Stacheldraht gestürzt, hingeknallt und weggeblieben. Als ich nicht zum Abendbrot zuhause war, hat meine Familie mich gesucht, später wurden auch die Feuerwehr und die Polizei mit Hunden eingeschaltet. Erst Stunden später wurde ich gefunden – da war ich fast erfroren. Wieder einmal hatte ich einen Schutzengel gehabt, und wieder hatte er gute Arbeit geleistet.

Die Sache mit dem rosa Aschenbecher

In Mecklenburg-Vorpommern waren Flüchtlinge verhasst. Als ich in Plate zur Schule kam, war ich doppelter Flüchtling. Und was noch viel schlimmer war: Ich kam aus dem Westen. Da waren Hänseleien und Schikanen vorprogrammiert. Auch war meine Hautkrankheit nicht ganz verschwunden; ich hatte ab und zu dicke Geschwüre, die eiterten. Auch dafür wurde ich verhöhnt. Ich hatte nur Ärger. Ich war hager, aber zäh. Als ich mal wieder Mitschüler verprügelte, die mich gehänselt hatten, flog ich von der Schule. Ich kam nach Peckatel auf die Schule für renitente Jugendliche, bis dort war mein Ruf mir nicht vorausgeeilt. Ab da musste ich jeden Tag fünf Kilometer zu Fuß nach zur Schule laufen.

Auch in Plate war es nicht ganz unproblematisch. Ich muss zugeben: Fast hätte ich einen Mord begangen. Um zu überleben und uns durchzubringen, hatte unsere Mutter – das kann ich jetzt nach ihrem Tod ruhig sagen –, Männerbekanntschaften. Ich konnte das nicht leiden. Als ich einmal eher von der Schule nach

Hause kam, lag da ein Mann bei unserer Mutter im Bett. Auf der Kommode stand ein kristallener rosa-durchwirkter Aschenbecher. Den hab ich genommen und nach dem Mann geworfen. Ich traf ihn voll am Kopf. Er hat mächtig geblutet. Warum er mich nicht angezeigt hat, weiß ich nicht – er hat die Sache auf sich beruhen lassen.

In letzter Sekunde

Auch vorher beim Bauern Stenders, in dessen Haus sie gearbeitet hatte, hatte meine Mutter eine Männerbekanntschaft gehabt. Ich konnte das nicht akzeptieren und so wollte ich türmen. Meine Tante Erna und mein Cousin Waldemar waren ja noch in Crivitz am See. Es führte ein Weg über Peckatel und Sternbuchholz dorthin; allerdings war das militärisches Sperrgebiet, alles war vermint und voller Munition. Im Crivitzer See sind etliche Menschen umgekommen, so viel Munition war da von den Deutschen verbuddelt und reingeschmissen worden.

Ich nahm meine kleinen Geschwister Hugo und Barbara an die Hand. Ich wusste den Weg ganz genau: die Kreuzung runter, am Krankenhaus vorbei, und dann den Waldweg immer geradeaus. Am Rondell lag ein riesiger Reisighaufen. Auf einmal wurden wir von einer Gruppe Männer abgefangen. Wir verstanden sie nicht – das waren Polen, ehemalige Zwangsarbeiter, wie sich später herausstellte. Sie waren freigelassen worden und nun auf

Beutezug. Das war nicht ungewöhnlich, auch hier in der Gegend habe ich später von solchen Fällen gehört.

Sie hatten kurze Schwerter, ähnlich wie solche zum Heidehauen. Sie sprachen ein Kauderwelsch aus Polnisch und Deutsch, gestikulierten und sie zeigten auf meine Schwester – die war ein richtig hübsches blondes Mädchen. Was sie uns zu verstehen geben wollten: wenn ihr schreit, schlagen wir euch die Köpfe ab. Wir verstanden nicht gleich, wir waren geschockt und paralysiert. Da hob einer, wohl, um ihren Worten Nachdruck zu verleihen, die Reisigbüsche am Wegesrand hoch – dort lagen mehrere Tote mit abgeschlagenen Köpfen. Gerade hatte sich einer die Barbara geschnappt, da knallte es mehrmals, und der Pole sank um – von hinten waren Russen gekommen, die haben den Polen erschossen und die anderen drei, vier auch gleich mit. Dann wurde mir schwarz vor Augen, die letzten Schüsse habe ich wie in weiter Ferne gehört. An diesem Erlebnis tragen wir noch heute – zumindest ich, meine Geschwister waren ja noch jünger, vielleicht ist ihnen diese grausige Erinnerung erspart geblieben. Ich hoffe es.

Der letzte Hahn

Im Hotel kam es eines Abends zu einem Saufgelage. Wodka floss reichlich, die russischen Offiziere und der Wirt ließen es ordentlich krachen. Dass er früher Ortsgruppenleiter bei der SS gewesen war, wussten sie nicht; zur Rechenschaft gezogen werden sollte er erst Jahrzehnte später. Irgendwann bekam die Gesellschaft Hunger. Der Wirt erinnerte sich an meine Kaninchen und sie machten sich über sie her. Wenn sie sich zwei, drei genommen hätten, wäre es gut gewesen, ich hatte 30 Stück. Aber sie haben ein regelrechtes Massaker angerichtet, eine Riesen-Orgie: einige totgeschlagen, auch die Hühner wurden allesamt geschlachtet. Nur der Hahn ist ihnen abgehauen. Der ist Tage später wieder gekommen, dem hat unsere Mutter den Kopf abgeschnitten und wir haben ihn dann noch „verbraucht", einen Hofstaat hatte er ja nicht mehr.

Als unsere Mutter zur Polizeistation ging, um das Massaker zur Anzeige zu bringen, wurde sie eingesperrt. Sie wurde erst wieder freigelassen, als sie ihre Anzeige zurückzog. Acht Tage war ich mit meinen beiden kleinen Geschwistern allein. Dabei war ich selbst erst acht oder neun Jahre alt; damals hat das niemanden gekümmert.

Kartoffelkäfer und Rosinenbomber

Und dann war da noch eine Sache, das muss im Spätsommer 1948 gewesen sein, ich war in der dritten Klasse. Auch auf Adenauer war ich stinkig, den hätte ich am liebsten umgebracht. Der hatte nämlich dafür gesorgt, dass wir in den Sommerferien freiwillig Kartoffelkäfer sammeln mussten. Denn angeblich hat Adenauer Kartoffelkäfer per Flugzeug über unseren Äckern abwerfen lassen. Zumindest wir Kinder haben das Gerücht damals geglaubt. Wenn wir eine Literdose mit Kartoffelkäfern voll hatten, bekamen wir eine gleich große Dose voll Ziegen- oder Schafsmilch.

So, zwischen dem viel zu mickrigen Kartoffelkraut, machten wir auch Bekanntschaft mit der Luftbrücke. Von der haben wir auch zwei, drei Mal was aufgesammelt. Wir haben uns immer gefreut, wenn die „Rosinenbomber" Richtung Berlin flogen.

Bekanntschaft mit der großen Liebe: Musik

An der Stör gab es ein wunderschönes Gasthaus mit einem großen Saal. Irgendwann nach Kriegsende, es muss 1948 oder 1949 gewesen sein, kamen dort Carepakete an. Natürlich sind wir Kinder alle hingelaufen. Da waren jede Menge Leute in Uniform, es wurden große Reden geschwungen, und dann hat ein Männerchor gesungen. Die Lieder kann ich heute noch auswendig: „Wenn ich den Wandrer frage…" oder „Wenn die Osterglöcklein klingen…".

Warum ich die Lieder nie vergessen habe? Weil ich dort das erste Mal richtig satt wurde. Da gab es Baguettebrötchen, all so komische Sachen, die wir nicht kannten.

Seit diesem Erlebnis wollte ich Musiker werden, am liebsten Dirigent, aber das gaben die Zeiten nicht her. Auch mein Klassenlehrer hat gemeint, ich hätte musikalisches Talent. Überhaupt soll ich ein guter Schüler gewesen sein, aber ich hatte immer diese Brüche – wieder von vorn anfangen, dahin, dorthin, und dann war ich immer kränklich.

Bei den Jungen Pionieren, denen ich beitreten musste, gab es Musik: „Bau auf, Bau auf"; in der Kapelle habe ich Landsknechttrommeln gespielt. Zu Ostern mussten wir aufmarschieren. Das war mir irgendwie zuwider, das war nicht meine Musik.

Kriegsheimkehrer

1949, einige Tage vor Weihnachten, bekamen wir die Nachricht: der Vater kommt aus der Kriegsgefangenschaft zurück und soll nach Walsrode in ein Lager entlassen werden. Er war Ende 1942 schon geschnappt worden; fast sieben Jahre war er in Kriegsgefangenschaft in Sibirien gewesen, zwei Mal hatte er versucht zu fliehen. Beim ersten Mal hatten sie ihn gleich geschnappt, beim zweiten Mal schlugen sie ihn fast tot und etliche Zähne aus. Dabei wollte er nur nach Hause, zu seiner Familie.

Mein Vater kam nach Walsrode zum Entwässern, sein Körper war voller Wasser; auch seine Lunge war durch dem Krieg und die Kriegsgefangenschaft in Sibirien arg geschädigt. Als meine Mutter einen Antrag stellte, in den Westen reisen zu dürfen, hieß es: „Ihr dürft nicht kommen – eine Russenhur' hat hier nichts zu suchen!" Genau wie meine Tante Erna da bleiben musste, sollte auch unsere Mutter nicht mit ihren Kindern in den Westen kommen dürfen.

Flucht in den Westen

Doch meine Mutter war hartnäckig, sie organisierte einen Fluchthelfer. Im Herbst 1950 haben wir uns mit ihm in Schwerin in irgendeinem Lokal. getroffen. Da waren noch andere Leute dabei, das war eine richtige Gruppe. Auf einmal hörte ich draußen Schalmeien und Fanfaren. Da bin ich rausgerannt und habe gebrüllt: „Ey Ihr Arschlöcher, Ihr Idioten – ich hau ab!" – wie Alfred Hoffmann so ist. Auf einmal bekam ich eine gefegt und unsere Mutter hat mir den Mund zugehalten. Aber die haben so einen Krach gemacht, dass mich keiner gehört hatte. Unser Glück – sonst wäre ich heute nicht hier.

Wir sind dann losgefahren, mit dem Zug oder auf einem klapprigen Lastwagen, – das erinnere ich nicht mehr –, irgendwo hin, das muss irgendwo an der Zonengrenze, wahrscheinlich bei Lüchow-Dannenberg-Gifhorn gewesen sein. Im Dunkeln stiegen wir aus, dann wies man uns an, über einen Bach zu gehen. Da war eine Bohle, über die sind wir rüber balanciert, die ganze Gruppe. Als wir drüben waren, wunderten wir uns, dass der Fluchthelfer ganz schnell Reißaus nahm. Plötzlich wurde es ganz hell – und schon haben uns die Vopos (Anm: Angehörige der Deutschen Volkspolizei, den Polizeikräften in der Sowjetischen Besatzungszone nach WKII) geschnappt. Der vorgebliche Fluchthelfer hatte uns verraten und zwei Mal abkassiert: einmal von uns und all den anderen, die „rüber machen wollten", das zweite Mal von den Vopos.

Man brachte uns zu einer russischen Wachstation, da war ein Offizier. Mutter konnte Russisch; sie verhandelte eine ganze Weile mit ihm und war auch eine Zeitlang mit ihm verschwunden. Was sie machen musste, kann man sich ja vorstellen. Wie auch immer: Dieser Offizier organisierte unsere Flucht, dieses Mal jedoch richtig: Er ließ uns durch russische Grenzsoldaten an die Elbe bringen, zu der zerstörten Eisenbahnbrücke bei Dömitz.

Dieses fehlende Puzzleteil meiner Flucht, oder besser: einer meiner vielen Fluchten, habe ich erst später aus meinen bruchstückhaften Erinnerungen und den Erzählungen meiner Mutter rekonstruiert. Jahrzehntelang war das in meiner Erinnerung vermischt – ich hatte gedacht: „Über diese Bohle sind wir über die Elbe gekommen“, was ja gar keinen Sinn ergab. Und meine Mama hat immer gesagt: „Nein, wir sind mit dem Schiff rübergefahren!“ Das passte irgendwie alles nicht zusammen.

Der Russe hat uns in ein Gebüsch gebracht und gemeint: „Auf der anderen Seite ist ein kleines Dorf. Wenn die Kirchturmuhr zehn Mal schlägt, rennt ihr runter zu dem Betonpfeiler dieser Brücke.“ Dahinter war ein Ruderboot versteckt. Wir vier und die beiden Fluchthelfer kletterten da rein – mehr kamen nicht, unsere Mitflüchtlinge hatten sie wohl alle geschnappt, und dann sind die beiden mit uns rüber gerudert. An den folgenden Dialog habe ich mich erst kürzlich wieder erinnert: „Wer seid ihr überhaupt?“, wollte meine Mutter von den beiden Männern wissen. „Gute Frau, es ist besser, wenn Sie es nicht wissen. Wir müssen auch wieder los.“

Auf der Westseite sind wir das Ufer hochgekrabbelt und in das Dorf gegangen. Da war alles duster, bis auf einige Fenster, die hell erleuchtet waren – der Saal der Gaststätte, aus der laute Musik drang. Dort wurde gerade eine Hochzeit gefeiert. Ich weiß noch, wie die Leute überrascht auf juchzten, als sie uns entdeckten, wie wir so durch die Fensterscheibe spähten. „Kommt doch her", hieß es. Wir durften etwas essen, wir bekamen Decken und ein Quartier und auch etwas Geld. Am anderen Tag setzten sie uns in den Zug. So sind wir in Rotenburg gelandet.

Vater

„Im Herbst 1949 waren wir dann endlich alle im Westen vereint. Schwer geprüft hatte sich die auseinandergerissene Familie wieder gefunden"– so habe ich es zur Goldenen Hochzeit meiner Eltern 1988 formuliert.

Damals fühlte es sich etwas anders an: Eigentlich hatten wir ja gar nicht herkommen sollen, zumindest unsere Mutter nicht. Aber hier waren wir also, im Westen. Und hier war also mein Vater. Für mich war es eine komische Situation: Auf einmal steht da ein Mann und das soll mein Vater sein – genauso wie einige Jahre vorher meine Mutter auf einmal vor mir gestanden hatte. Das habe ich überhaupt nicht akzeptiert. Bis dahin war ich ja der Boss der Familie gewesen – 1950, da war ich zehn, elf, das männliche Familienoberhaupt, und dann kam da ein Mann, den ich gar nicht kannte und der schlimm aussah.

Zuerst wohnten wir bei den Webers, eine Zeit, die immer wieder von Streit überschattet war. Wir wollten da weg – es war nicht auszuhalten. Oma Hoffmann hat nachher die Ehe auch fast auseinandergebracht. Immer wieder wurde Vater

aufgestachelt: „Was willst du mit dieser Russen-
Hur?" Ende 1950 bekamen wir die Möglichkeit,
nach Gut Veerse zu ziehen. Im ehemaligen
Kuhstall wurde ein Schrank hingestellt; ein
Besenstiel und eine Decke drüber: fertig waren
zwei Zimmer. Vorn standen ein Holzkohleofen
und ein Tisch.

Mein Vater war so verroht, er hat meine Mutter
regelmäßig geschlagen. Wir Kinder mussten das
mitansehen. Ich bin dann auch mal weggelaufen.
Auch in Veerse war es wieder so schlimm – hier
wie dort, die Webers, Holsts und Oma Hoffmann
kamen nur, um zu hetzen. Schon in Bessarabien
war unsere Mutter die arme Maus gewesen, die
mein Vater gar nicht hätte heiraten sollen. Das
ließ man sie auch jetzt wieder spüren.

Auf Leben und Tod

Eines Abends war unsere Mutter weg und ihr Fahrrad auch. Und dann haben wir Kinder sie gesucht. Wir wussten ja, was der Vater der Mutter immer antat, körperlich und seelisch. Mit Alkohol hatte das aber nichts zu tun, mein Vater hat nicht getrunken. Er war ein einfacher Mensch, auch geistig. Wie viele andere hatte er ja nur im Winter zur Schule gehen dürfen, wenn keine Arbeit war. Er war durch den Krieg kaputt. Später hat er sein Verhalten meiner Mutter gegenüber bereut.

Jedenfalls haben wir unsere Mutter gesucht. Ich ahnte, dass unsere Mutter etwas vorhat, was nicht gut ist. Wir liefen Richtung Bartelsdorf, Richtung Ehlermann, damals war das noch ein einfacher Feldweg. Als ich rechts rüber zu einem Weideschuppen guckte, entdeckte ich das daran angelehnte Rad, das ich natürlich sofort erkannte. Und dann sind wir hingelaufen und haben drinnen unsere Mutter gefunden. Der Melkstuhl war umgekippt, den Rest kann man sich ja vorstellen.

Ich hab ihren Körper hochgehoben, die anderen beiden haben sie dann runtergeholt und den Strick durchgeschnitten. Ein Junge hat immer ein Messer in der Tasche. Das hatte ich. So haben wir unsere Mutter gerettet. Was folgte, war natürlich Schreien und Weinen.

Meine Eltern haben dann den Fehler gemacht, in Brockel zu bauen, ein Siedlungshaus, ganz einfaches Heim. Die ganze Verwandtschaft auf einem Haufen: Holsts, Webers, Langs, Günters, Hoffmanns – alle aus dem Ort aus Bessarabien waren da, aber auch alle. Es gab nur Streit.

Vater hat dann angefangen, Landwirtschaft zu betreiben. Irgendwann hat er sich von Heidesand einen Lanz-Bulldog gekauft, einen 16er. Er brannte die Heide ab, die Büsche, und dann machten wir das urbar. Er hätte beinah den ganzen Wald links raus Richtung Bartelsdorf brandgerodet.

Lehrjahre sind keine Herrenjahre

Es war nicht mehr auszuhalten. Erst besuchte ich, obwohl wir in Veerse wohnten, die neue Schule in Bartelsdorf, die war damals vor der Tischlerei Kröger. Heute ist das ein Wohnhaus. Da lernte ich den Lehrer Wahlers kennen. Das war ein Strenger. Mit seinem Sohn, der später die Grundschule geleitet hat, habe ich später mal geredet. „Du hast bei meinem Vater Unterricht gehabt? Das war bestimmt nicht einfach", meinte er. Recht hatte er.

Wenn im Sommer auf dem Acker viel zu tun war, durfte ich nicht zur Schule; meine Eltern kannten es von Bessarabien nicht anders. Das war später auch in der Elektriker-Lehre bei Richard Dunker so; wäre es nach meinem Vater gegangen, hätte ich keine Lehre gemacht. Wenn ich zu lange fehlte, weil ich auf dem Feld gebraucht wurde, kamen die von der Handwerkerschaft und der Meister. Die hat mein Vater hochkant rausgeschmissen. Irgendwann wagte ich, mich aufzulehnen: „So geht das nicht, ich muss da hin", und dann bin ich beim Altgesellen Heini Krenz in Visselhövede geblieben. Ich musste ja Sommers wie Winters mit dem Rad nach Vissel fahren, das waren gut 16 Kilometer.

Die ersten Jahre war noch ein Zug gegangen, eine richtige Dampflok, später ein Triebwagen; aber der ist dann ein paarmal stecken geblieben, wenn mal wieder eine Wildsau davor gelaufen war oder er in einer Schneewehe stecken blieb, sodass wir stundenlang festsaßen – es war abenteuerlich.   Die   Elektriker-Ausbildung umfasste   auch   Schweinestall   ausmisten, Werkstatt aufräumen, fegen, Brennholz hacken und stapeln… eben alles, was anfiel.

Das Angebot

Ich schaffte die Lehre, war vielleicht auch nicht der Dümmste und sollte wohl den Betrieb übernehmen. Der Meister hatte drei Töchter. Mit der jüngsten, die war ein Stück größer als ich, wollte er mich verbandeln. Als Heinrich Krenz, der Altgeselle, Hochzeit feierte, war auch ich eingeladen.

Ich hatte etwas getrunken. Da hat der alte Dunker mir eröffnet, dass ich seine Inge ehelichen soll. Nach der Elektrikerlehre sollte ich noch eine kaufmännische Lehre machen und dann heiraten. Aber das wollte ich auf keinen Fall – was sollte ich mit dem langen Elend?

Und dann hatte ich einen sitzen, und der Meister hat mir erzählt, wie ich das machen muss mit einem Mädchen – der alte Dunker war ganz schlimm. Und dann ging's mir nicht gut und man hat mich an einen Baum gelehnt – stehen konnte ich wohl nicht mehr. Ich soll, das hat mir Heinrich Krenz später erzählt, der Inge einen Heiratsantrag gemacht haben – gottseidank war das gar nicht Inge, sondern der Baum.

Aufgewacht bin ich neben dem Meister im Ehebett; seine Frau musste daneben auf dem Boden schlafen.

Fahrprüfung mit Hindernissen

Irgendwann kam ich dahinter, was die Nazis so gebunkert hatten. In Vissel gibt es unterirdische Lager, die zogen sich weit am Marktplatz entlang. Von Dunker konnte man unterirdisch bis zum Möbelhaus Böhm gelangen. Der alte Dunker hatte in seinen Lagern alte Motoren gebunkert und dann alles zugemauert. Nach Ende des Zweiten Weltkriegs wurde das wieder aufgebrochen und alle sind schnell wieder reich geworden. Dunker besaß auch eine Fahrschule. Wenn er denn im Deutschen Haus oder irgendwo anders war, sagte er Bescheid, und Lehrling Alfred, also meine Wenigkeit, musste ihn holen und mit seinem Käfer nach Hause bringen.

Wenn die Polizei uns anhielt, hat er „Fahrstunde!" gelallt und wir durften weiterfahren.

Dann kam der Prüfer – ich war gerade 18, ich solle jetzt mal die Fahrprüfung machen. Vom Hof runter, durch ein Scheunentor, rückwärts runter aus der Auffahrt – Dunkers Geschäft war direkt am Marktplatz, da, wo jetzt die Polizei drin ist –, Schulterblick, und wums – ich wollte noch bremsen, aber da saß ich schon mit dem ganzen Auto gegenüber in der Hecke.

Der Prüfer wies mich an: „Jetzt fährst du zurück", und mir war klar: „Das war´s dann wohl". Dann verschwanden die beiden im Haus. Nach einigen Minuten wurde ich hereingerufen: „Unterschreib mal hier" – und zack, hatte ich meinen Führerschein. Das Paket, das der Prüfer dabei hatte, als er zu seinem Auto zurückging, sollte wohl keiner sehen, es war gut eingewickelt und roch verdächtig nach Schinken.

In der Penne

In der Schule in Brockel wurden wir nicht mit Alfred, Richard oder Willi angesprochen, sondern mit Klawonn, Hoffmann, Rosebrock. Beim Lehrer war ich nur Hoffmann, sein Lieblingsschüler Uli, der immer eine Extrawurst bekam, war „Ulimaus". Solche Sympathien und Antipathien gibt es wohl überall, aber Ungerechtigkeiten in jungen Jahren bleiben eben im Gedächtnis haften.

Ich war ein ziemlich guter Schüler. Neben mir saß Willi, seine Familie kam aus Ostpreußen. Er stotterte, wenn er aufgeregt war. Deshalb musste er nach vorne in die erste Bank und „Ulimaus" kam zu mir. Bei Diktaten hat er natürlich bei mir abgeschrieben. Und was macht Alfred? Ich habe jede Menge Fehler eingebaut, die er natürlich alle übernommen hat. Dann musste ich nach vorne und habe mir rechts und links eine eingefangen, weil der Lehrer wusste, dass ich das mit Absicht gemacht hatte.

Später kam Willi mal zu meiner Mutter: „Tante Luza, ich bin alleine und wollte mir zwei Eier kochen. Die kochen jetzt schon über eine Stunde und sind immer noch nicht weich…“ Das war Willi.

Bei den Volkstänzen in der Schule wollte außer mir kein anderer Junge mitmachen, ich war also sehr gefragt. Auch in der Theatergruppe, die für damalige Maßstäbe fast professionell auftrat, hat es mir unheimlich viel Spaß gemacht. Bei der Mini-Zauberflöte hatte ich dank meiner Stimme eine tragende Rolle, da ich einen Umfang von drei bis vier Oktaven hatte. Damals wollte ich Dirigent werden. Später, als ich es hätte machen können, war ich wohl nicht zielstrebig genug, diesen Traum zu verfolgen. Ich habe eher nach dem Motto gelebt: „Was kostet die Welt?“

Am Timmendorfer Strand

Im Schwimmunterricht bei Lehrer Flemming machte ich den Jugend- und den Totenkopfschwimmer. In den Sommerferien durfte ich bei der DLRG am Timmendorfer Strand aushelfen. Schlafen im Zelt, freies Essen und Trinken und noch zehn Mark Taschengeld täglich obendrauf – das war schon was! Auch dort hatte sich mein Faible fürs Tanzen herumgesprochen. Als bei einem örtlichen Rock'n Roll-Turnier ein Tänzer gesucht wurde, weil sich ein Einheimischer den Fuß gebrochen hatte, sprang ich ein – und holte mit meiner Partnerin den zweiten Platz.

Einige Tage später kam es tatsächlich zu einem Rettungseinsatz: Ein Junge war mit seiner Oma an den Strand gegangen. Sie traf eine Bekannte, verklönte sich und achtete nicht mehr auf ihren Enkel.

Vom Turm aus sah ich, wie eine Gruppe Kinder schrie und tobte – an sich nichts Ungewöhnliches, aber irgendwas war anders. Obwohl ich das eigentlich nicht durfte, verließ ich meinen Posten, um nachzuschauen. Da lag der Zehnjährige in schulterhohem Wasser. Ich habe ihn da rausgezogen, er wurde reanimiert, ist später aber leider im Krankenhaus verstorben.

Ein andermal durfte ich nachts mit raus. Eine Gruppe junger Leute hatte Vaters Motorjacht geklaut, wilde Sau gespielt und war quergeschlagen. Das Steuerruder war gebrochen, das Boot manövrierunfähig. Ein Sturm zog auf, die Insassen machten sich mit Rufen und Scheinwerfern bemerkbar. Bei der Bergung spielte sich der renitente Sohnemann auf, bis ihm ein DLRGler eine Backpfeife gab. Am nächsten Tag war er mit Vater und Polizei wieder da, um sich zu beschweren. Dem Retter von der DLRG wurde die Hölle heiß gemacht.

Liebe und Hiebe

Natürlich ging es in den Dörfern viel um Mädchen. Wenn man drei Mal mit der Gleichen getanzt hatte, musste man gucken, ob man was im Portemonnaie hatte – dann zahlte man für die Jungs aus dem Dorf des Mädchens eine Runde, sonst konnte man sich ein Tête-à-Tête aus dem Kopf schlagen. Das funktionierte beidseitig: Wenn hier jemand eine Freundin hatte, dann haben wir dem aufgelauert. Der zahlte dann „Jagdgeld" – nix von wegen Schnäbeln und dann mit ins Haus! Und wenn wir das Geld hatten, dann haben wir erstmal schnell der Kneipe einen Besuch abgestattet. Fünf DM, das war viel Geld. Ein Korn kostete 30 Pfennig, ein Bier 50.

Zwischen den Jugendlichen der Dörfer ging es oft nicht zimperlich zu. Schlägereien mit den Bauernjungs waren an der Tagesordnung. Wir haben die abgepasst und die Mädchen abgegriffen, wir waren ja viel flinker und flotter. Meine erste Freundin war eine Kaufmannstochter, aber das durfte ja alles nicht sein. Auch hier waren wir als „Flüchtlinge" nicht gut angesehen. In dieser harten Schule des Lebens haben wir gelernt, uns durchzusetzen.

Lehrjahre sind keine Herrenjahre

Eigentlich sollte ich zu Ferdinand Müller in die Lehre, der war im Zweiten Weltkrieg Fliegermajor gewesen. Als Elektro- und Klempnermeister hat er in Brockel das Geschäft wieder aufgebaut. Da sollte ich in die Lehre gehen. Aber der Lehrer, bei dem er sich erkundigt hatte, meinte „Der Hoffmann ist zu blöd“, und so bekam ein anderer den Platz und ich musste nach Visselhövede. Andere sagen, der Andere hat die Stelle bekommen, weil er im Krieg seinen Vater verloren hatte.

Auf eigenen Beinen

Nach meiner Lehre von 1955 bis 1958 bei Dunker war ich mit 18 Jahren Geselle und habe bei Elektro-Kröger die Firma in Brockel mit aufgebaut. Irgendwann hielt ich es zuhause nicht mehr aus. Ich habe meinen Bembel gepackt und bin aus dem Fenster raus und abgehauen – es ging einfach nicht mehr, mit meinem Vater wurde es immer schlimmer. Ich wurde besonders oft verprügelt, weil ich unserer Mama helfen wollte. Die anderen hatten Angst und haben sich versteckt.

Ich hatte dann bei einer Oma ein Zimmerchen in Bremen. Zuerst war ich bei Nordmende in Lohn und Brot. Da habe ich mich hochgearbeitet, zum Vorarbeiter und Bandprüfer. Ich hatte zwölf Frauen zu beaufsichtigen. Zwölf Frauen – in meinem Leben nie wieder! Die haben mich so bedrängt… Eine hat mich des Öfteren nach Feierabend abgepasst.

Die Frauen haben Akkord gearbeitet. Die Tannhäuser, der Mercedes unter den Kondensatorradios, kamen auf so Schlitten für die Arbeitsschritte. Am Ende musste ich sie prüfen, auf kalte Lötstellen, oder wenn die Arbeiterinnen etwas falsch verdrahtet oder Röhren nicht richtig gesteckt hatten. Dann musste ich das zurückschieben. Was meinst du, was die mit mir angestellt haben? Es war nicht zum Aushalten, ich musste da abhauen.

Kindheitsfreuden und Jugendsünden

Meine Kindheitserinnerungen mögen so klingen, als ob wir als Kinder wenig Spaß hatten. Das stimmt so nicht. Es liegt wohl vielmehr daran, dass schlimme Ereignisse besser im Gedächtnis bleiben als die kleinen Freuden, Streiche und Abenteuer.

Damals, als wir schon in Gut Veerse wohnten, bin ich mit Siggi Würfel über die Wiesen zur Schule gelaufen. Einmal hatte Siggi nicht aufgepasst und war in einen Kuhfladen getreten. Als ich schadenfroh lachte, hatte ich – zack – einen dampfenden Kloß vorm Latz. Es entspann sich eine regelrechte Schneeballschlacht, nur mit Fladen, und wir haben uns ganz schön eingesaut. Das ging auch mit Grasbüscheln nicht wieder ab, und so haben wir dann dreckig und stinkig und viel zu spät unter dem strengen Blick von Lehrer Wahlers und den Klassenraum betreten. Der hat uns dann gleich zum Umziehen nach Hause geschickt.

Auf Gut Veerse gab es ein richtiges Schlösschen. Wir Kinder durften bei den Treibjagden helfen. Abends gab es Essen, Jagdhornbläser und ein

Lagerfeuer, richtig toll war das. In der Veerse haben wir wie die Indianer mit angespitzte Stöckern Fische gefangen, später haben wir im Angelteich des Grafen mit einem selbst gebauten Kescher gefischt – das gab natürlich Ärger, als wir erwischt wurden.

Siggi und ich sind gern auf dem Gelände herumgestromert. Hinter den Stallungen stand ein Riesen-Brombeerbusch. Als wir dort Beeren pflücken wollten, hörten wir aus dem Busch heraus ein Grunzen – Wildschweine, eine Sau mit ihren Ferkelchen. Da haben wir die lange Stange genommen und in den Busch hineingestochen. Auf einmal kam die Wildsau heraus. Die Frischlinge haben gequiekt und geschrien, und die Bache hat uns gejagt. In unserer Panik wollten wir uns über die Veerse retten, sie ist ja recht schmal, haben es aber nicht ganz geschafft und sind mittenrein gesprungen. Auf der anderen Seite stand einsam eine große Fichte, die Äste hingen ziemlich tief. Dort hinauf sind wir geflüchtet, unten fing die Wildsau an zu wühlen. Irgendwann kamen immer mehr Wildschweine dazu – und wir hatten die Hosen ordentlich voll. Irgendwann kam der

Gutsbesitzer. Erst hat er die Wildschweine mit einem Warnschuss aus der Flinte verjagt, dann bekamen wir eine Tracht Prügel.

Überhaupt sind wir oft und gern auf die hohen Bäume geklettert. Irgendwann musste ich mal. Siggi meinte: „Dann mach doch.“ „Nee, ich muss mal groß.“ „Ich muss auch!“ Also haben wir beide unser Geschäft aus luftiger Höhe verrichtet, einer auf der einen Seite des Baums, der andere auf der anderen. Der Spaß währte allerdings nur so lange, bis es ans Runterklettern ging. Ein Teil der Äste, an denen wir uns beim Klettern festhalten mussten, war getroffen worden. Was hatten wir uns da eingebrockt!

Höllischen Spaß hat es uns gemacht, Kreuzottern zu fangen und auf dem Schulweg über den Zaun zu legen. Wenn mittags bei Schulschluss die Sonne die Tiere wärmte, fingen sie an sich zu bewegen und zuckten noch mal hoch. Das hat so manche Mädchen und Jungen auf dem Heimweg in die Flucht geschlagen.

Auch in der Jugend spielten wir unseren Mitmenschen gern mal einen Streich. Während der Lehrzeit, wir wohnten in der alten Siedlung in Brockel in der Schulstraße, fuhr ich mit meinen Nachbarn Helmut Günter und Helmut Lang nach Vissel zu unseren Betrieben, letzterer lernte Radiomechaniker. Wir mussten immer früh los, weil wir ja mit dem Fahrrad unterwegs waren. Wie wir darauf kamen, weiß ich nicht mehr – aber eines Morgens, als noch alles schlief, haben wir alle Gartenpforten ausgehängt, daraus einen großen Haufen gebaut und ihn mit Draht aus Vaters Schuppen verknotet. Wir haben uns diebisch gefreut – bis wir bemerkten, dass inzwischen fast alle Väter an der Straße standen und unser Treiben beobachteten. Überflüssig zu sagen, dass wir alles wieder in Ordnung bringen mussten. So kam ich viel zu spät in die Werkstatt, wofür es von Meister Dunker nochmal etwas hinter die Ohren gab.

Und selbst das andere Geschlecht blieb von meinen Späßchen nicht verschont. Ich war ja als schlimmer Bursche verschrien – später, als ich das erste Mal geheiratet habe, ging eine Welle der Erleichterung durch den Kreis der Mütter: „Een Glück, datt de Jung vünne Straat rünner is!“ Einmal hatte ich gleich mehrere junge Damen, die an mir interessiert waren – schon, weil ich so ein guter Tänzer war. Mit vier oder fünf habe ich mich am selben Tag zur selben Uhrzeit am selben Ort verabredet. Ich weiß nicht mehr, was mich da geritten hat, ich glaube, ich wollte sie mal testen. Jedenfalls habe ich mich gegenüber beim Schmied hinter der Kastanie versteckt. Als die Damen das Spiel durchschaut haben, haben sie zuerst aufeinander geschimpft, dann zusammen gegen mich und über mich hergezogen. Irgendwann musste ich losprusten. Sie entdeckten mich hinter der Kastanie, das Gezeter war groß. Da half nur noch die Flucht. Die endete allerdings am Stacheldrahtzaun vor der Kuhweide des Schmiedes. Die haben mich vielleicht vertrimmt! Ein halbes Jahr lang war ich bei der Damenwelt abgemeldet.

Die Christel hat mich dann aber doch noch erhört. Bei ihr habe ich auch gefensterlt. Unten war der Laden, dahinter die Post, darüber im Vorbau wohnte sie mit ihrer Familie. Vor dem Zimmer von Christel und den Mädchen war ein Balkon. Gegenüber beim Maler standen Leitern. Da hab ich mir eine geliehen. Erst wollte sie mich nicht reinlassen, weil ihre große Schwester Ursel aufpasste. Plötzlich hörte ich ein Poltern, da habe ich schnell das Weite gesucht und bin zum Geländer gesprintet; inzwischen hatte der Maler jedoch Bescheid bekommen und seine Leiter weggeholt. Zur Strafe musste ich am nächsten Tag helfen, Mehl in Säcke zu füllen und zu verladen.

Mein spezieller Freund war Pastor Friedrich – wir waren schon so manches Mal aneinander geraten, sodass er mich zuerst nicht konfirmieren wollte. Für mich klar, dass er einen besonderen Streich verdient hatte. Der große Rhododendronbusch steht heute noch vor dem Pastorenhaus. An seinem Geburtstag habe ich einen Schuhkarton genommen, mein Geschäft hinein gemacht und ein Kärtchen dazu geschrieben: Alles Gute zum Geburtstag! Dann hab ich mich hinter den Rhodo gesetzt und beobachtet, wie er die Karte las und in die Kacke griff. Leider wurde ich beobachtet und verpfiffen. Konfirmiert worden bin ich am Ende aber dann doch noch.

Voll auf die Glocke

Ich wollte boxen lernen und war auch ein paar Mal beim Training. Jedes Mal, wenn ich einen abbekommen habe, lag ich da. Ich hatte ein Glaskinn.

Ich habe mich viel geprügelt, auch später noch – kein Erntefest ohne Schlägerei. Ich habe auch ein paar Mal im Krankenhaus gelegen. Und ich habe nicht nur eingesteckt. Ich war schmal, aber flink. Ich durfte bloß keinen einfangen, dann war ich erledigt.

Auf zur See

Dann bin ich nach Hamburg gegangen, ins AEG-Wohnheim, Englische Planke, direkt gegenüber vom Michel, „Bullenkloster" haben sie das genannt. Da verdingte ich mich in Finkenwerder auf der Deutschen Werft, wo ich auch meinen „E-Assi" machte. Das ist derjenige an Bord, der für die gesamte Schiffselektrik zuständig ist. Mein Plan: mit einem Schiff in die weite Welt. Das habe ich auch geschafft – jedenfalls beinahe. Das Forschungsschiff „ Meteor" wurde umgebaut, und dann sollte es in die Südsee gehen.

Ich half dabei, die Mineneigenschutz-Anlage (MES) umzubauen. Die Meere waren ja vermint; überall schwammen magnetische Minen herum, sogenannte „Seeigel". Die MES-Anlage ließ sich umschalten, sodass sie wie ein Magnet gepolt war. Wenn sie dicht genug dran war, hat sie den Seeigel abgestoßen.

Gebaut wurde sie in Finkenwerder bei der Deutschen Werft. Auf der Schlieker Werft bei AEG war der Endausbau. Das war eine Privatwerft, der Unternehmer war noch vom alten Schlag. Wochenendarbeit wurde nicht angeordnet, sondern er hat uns darum gebeten. Dafür gab es dann auch mal eine Gans oder eine andere Form der Anerkennung.

Kurz vor dem Abschluss der Arbeiten kam der militärische Abschirmdienst an Bord. Da war ein Jugoslawe, der hatte über Nacht sämtliche Hauptkabel mit einer Flex zerstört. Drei Tage wurden wir festgehalten und durften nicht von Bord, bis die Umstände der Sabotage aufgeklärt waren.

Ich wollte dann zur See fahren. Weil ich aber noch nicht 21 Jahre alt war, musste ein Elternteil unterschreiben. Als ich nach Hause fuhr, um mir die Unterschrift zu holen, hat mein Vater mir links und rechts eine geschallert. Und dann war´s vorbei mit der Seefahrerei. Mit Vater habe ich mich später wieder vertragen; verziehen habe ich ihm erst auf seinem Sterbebett.

Wenig später kam ein Brief von zuhause. Mein Vater hatte Insolvenz angemeldet. Er hatte sich mit der Landpacht, der Anschaffung des Treckers, der Geräte und des Kunstdüngers verhoben – der Boden war hier einfach nicht so fruchtbar wie er es aus Bessarabien gewohnt war. Ich bin dann wieder zurück aus Hamburg. Ich hatte mir etwas Geld gespart, das musste ich alles abgeben. Und dann wurde alles verkauft, Lanz-Bulldog, Pflug, und alles, und die Äcker waren weg. Nun musste mein Vater woanders arbeiten – von zuhause kannte er es jedoch so, dass Hoffmanns die Chefs waren, die bestimmten, und nicht andere über sie. Das sorgte immer für Krach, überall flog er raus. Zuerst half er, das Moor zu drainieren, das war schwere Arbeit. Später hatte er als Kranführer eine gute Arbeit, bis es eben nicht mehr ging.

Auch mich hat es nicht lange an einer Stelle gehalten. Wenn mir ein Chef querkam und das nicht gut ging, habe ich sofort gekündigt Ich habe bei Studtmann gearbeitet, dann wieder bei Kröger, dann war ich eine kurze Zeit bei der Post, im Fernmeldewesen, habe Lehrgänge gemacht. Danach war ich zehn Jahre bei Höhns in der Anhängerfabrik, da war ich Vorabeiter.

Ehe und Brüche

Dann habe ich mich in ein Mädchen aus Bothel verliebt, das ging natürlich gar nicht! Die Jacke eingebüßt, Haue bekommen –das volle Programm. Alle haben mich gewarnt: „Alfred, die Frau darfst du nicht heiraten, das ist nichts für dich." Aber sie war die Hübscheste, eine richtige Puppe, und ich wollte sie heiraten und musste sie dann auch heiraten. Bis dahin hatte ich einen Opel P4 in Weinrot gehabt, das Modell mit der Haifischschnauze, mein ganzer Stolz. Als Rosi und ich heiraten mussten, weil sie schwanger war, habe ich das Auto verkauft und für das Geld einen Bauplatz gekauft.

Wir haben 1964 unser erstes Haus gebaut, und dann habe ich nur malocht: Ich war auf Montage, ständig unterwegs, habe Überstunden noch und nöcher geschoben - das Haus, so einfach es war, musste ja bezahlt werden. Dann hatte ich auch mit Alkohol zu tun. Ganz ehrlich: Wenn meine zweite Frau Marianne mich nicht aufgefangen hätte, wäre ich Alkoholiker geworden und wahrscheinlich jetzt nicht mehr am Leben. 1963 wurde unsere Tochter Anke geboren, 1966 Sohn

Torsten. Als ich einmal eher von Montage kam, da waren wir knapp sieben Jahre verheiratet, lag meine Frau mit einem anderen Mann auf dem Sofa. Da hab ich zugeschlagen, ihm den ganzen Kiefer kaputt gehauen. Da war´s natürlich vorbei mit uns und der Ehe.

Alleinerziehender Vater

Ich wurde schuldlos geschieden. Für meine Gewaltausbrüche wurde ich niemals zur Rechenschaft gezogen. Die Richter damals haben das anders gesehen als heute, ich war eben der Mann. Ich habe mir nie etwas sagen lassen. Wenn ich schief angeguckt wurde und einer noch einen dummen Spruch ließ oder ich angepöbelt wurde, dann hab ich gleich zugeschlagen. Wer das wusste, sah sich vor.

Bei der Scheidung wurden die Kinder mir zugesprochen – das war für damalige Zeiten äußerst ungewöhnlich. Zuerst habe ich das Haus ganz vermietet und bei meinen Eltern gewohnt, da war mein Vater aber schon krank.

Happy End

Ich lernte andere Frauen kennen, brachte auch mal jemanden mit nach Haus – doch es hat nicht funktioniert. Eine war eine Gastwirtstochter. In dem kleinen Gasthaus ist jetzt der Grieche. Das war eine ganz Liebe, und wir haben uns wunderbar verstanden. Und dann habe ich meine Kinder immer mitgenommen. Irgendwann hat sie wohl mal etwas Unbedachtes über die Kinder gesagt. Da entschied meine Tochter: „Nein, die will ich nicht als Mama haben!" Da konnte ich nichts machen.

Ab 1969 arbeitete ich bei den Stadtwerken, Marianne war dort im Büro. Mein Kollege Werner und ich waren dicke Kumpels. Immer, wenn wir am Büro vorbei kamen, zog Werner mich auf: „Alfred, die guckt immer her, guck doch da mal hin!"

Auf einem Betriebsfest habe ich mich dann auch verguckt, aber ich war mir sicher: „Die will bestimmt nichts von mir." Das war zu der Zeit, als Rock'n Roll getanzt wurde. Und wenn Betriebsausflug war, abends mit Ball, dann war das nicht mit Jeans oder so, sondern Anzug und langen Kleidern. Einer der ersten Tänze war gleich ein Rock'n Roll – ich war ja ein guter Rock'n Roll-Tänzer, habe sogar Turniertanz gemacht. Marianne hatte es allerdings nicht so mit Tanzen – da hab ich sie aus Versehen in die Pauke gewirbelt. Was für ein Start!

Dann sind wir beide an die Theke und haben erstmal einen getrunken. Nüchtern war mein Chef mit mir per Sie, wenn der einen getrunken hatte, waren wir per Du. Marianne hatte ein Kleid an mit sooooo einem Dekolleté. Da geht der Idiot hin mit einem Fotoapparat, stellt sich auf einen Stuhl und will ihr doch in den Ausschnitt knipsen. Er war ein gutes Stück größer als ich, das war ein Riesenkerl. Trotzdem bin ich zu ihm gegangen und „klatsch" – da war aber was los... Meinen Job habe ich trotzdem behalten.

Endlich sesshaft

Als wir die Feier gemeinsam verlassen haben, waren wir beide schon schwer verliebt. Nach einigen Treffen habe ich Marianne meinen Eltern vorgestellt. dann haben wir uns bei meinen Eltern getroffen. Und mein Papa, der war im Alter ja geläutert, musterte sie von oben bis unten und wollte wissen: „Kannst auch kocher?" Und sie entgegnete: „Ja, und wenn nicht, denn lern ich das!" Das hat ihn beeindruckt! Später meinte er zu mir: „Die ist gut, die nimmst!" Mittlerweile sind wir 47 Jahre verheiratet.

Ab da nahm mein Leben eine Wendung in die richtige Richtung, mit Alkohol und Rumschwirren war es vorbei. Bei unserer Hochzeit hingen die Kinder die ganze Zeit an ihr. Die Kinder, das haben mir der Pastor und andere bestätigt. haben meine Marianne verehrt, auch wenn sie streng war.

Mich hat sie ja dann auch geführt, in allen meinen Ämtern, die dann so kamen: Gemeinderat, stellvertretender Bezirksvorsitzender der CDA in der CDU, Gewerkschaftsfunktionär in der ÖTV, so hieß das damals, Aufsichtsratsmitglied in der AOK in Rotenburg als Arbeitnehmer. Plötzlich war ich eine lokale Persönlichkeit, alles mit Marianne. Zu dieser Zeit haben mein Vater und ich uns auch wieder vertragen. Bevor er eingeschlafen ist, hat er mich um Verzeihung gebeten und gesagt: „Pass auf meine Luza auf". Das musste ich ihm versprechen. Das Letzte, was er sagte, war: „Du hast mir den Führerschein weggenommen!" Das stimmte auch, das hatte ich. Papa hatte alles umgenagelt mit dem Auto, das war zum Schluss einfach nicht mehr gegangen. Ich habe ihm die Augen zugedrückt. Meine Mutter wollte nicht wahrhaben, dass ihr Mann stirbt – sie konnte es nicht ertragen, es zu sehen. Ihr zuliebe habe ich den Notarzt und unseren Hausarzt angerufen. Als die beiden mit Blaulicht kamen, bin ich raus gegangen und habe ihnen reinen Wein eingeschenkt: „Mein Papa ist schon tot - bitte seht es mir nach, aber meine Mutter erträgt es nicht anders." Eigentlich hätte ich den Einsatz bezahlen müssen. Aber sie spielten mit, kamen reingestürmt und haben sie wenig später informiert: „Jetzt ist er verstorben." Ich habe keine Rechnung bekommen, das war sehr großzügig.

Unter Strom

Als Elektriker habe ich in den 70er Jahren für die Stadtwerke gearbeitet. Ich hatte gerade meinen Meister gemacht. In der Hoch- und Mittelspannung darf nur durch Schaltberechtigte geschaltet werden. Die Straßenbaufirma Gerken hatte hinten im Imkersfeld, wo schon bedeutende Leute wohnten, ein Hauptkabel direkt neben dem Trafo erwischt. Alles war tot, die ganze Straße hatte keinen Strom. Wir wurden zur Behebung der Störung gerufen. Ein Kollege sollte den Hauptschalter ausschalten beim Schaltschrank, ich sah, dass es da noch köchelte. Zwei Leistungsschalter hat er rausgezogen und einen verkehrten. Das wusste ich natürlich nicht.

Und was macht Alfred? Anstatt ordnungsgemäß zu prüfen, mit Gummimatte und allem Drum und Dran, reiße ich, wieder mal ganz der Hektiker, alles auseinander, nehme einen normalen Spannungsprüfer und bohre rein, gucke, und nehme den Kupferschirm als Nullleiter: ist nix. Ich nehme also mein eigenes Messer, das schärfer ist als die „Dienstwerkzeuge" der Stadtwerke, schneide rein und höre eine

Bandkreissäge von den Bauarbeiten. Das letzte, was ich denke, ist: „Die darf doch gar nicht laufen!"

Dann bin ich weggeflogen und mit dem Hinterkopf auf den Bordstein geknallt. Als ich irgendwann wieder zu mir kam, wussten die Bauarbeiter, die sich um mich geschart hatten, nicht, was sie mit mir machen sollten. Krankenhaus? „Nein", habe ich abgewehrt, „doch nicht mit Alfred!" Aber danach war mir immer komisch, ich hatte Muskelkater, als hätte ich wochenlang nicht trainiert und habe die Pumpe gespürt. Aber zum Arzt zu gehen, kam nicht infrage. Irgendwann bin ich plötzlich umgekippt. Immer, wenn ich Stress hatte, körperlich beim Fußball oder bei der Arbeit – oder bei der Blasmusik, ohne Vorwarnung; dann hieß es: ach, der ist wohl besoffen. Das ging wohl eineinhalb bis zwei Jahre so. Ich war mehrere Monate im Krankenhaus in Behandlung, die Medikation wurde immer wieder umgestellt, aber nichts half. Über den Stromunfall ist nie gesprochen worden. Irgendwann bei der Chefvisite standen die Ärzte auf dem Flur. Weil ich auf Toilette saß, die damals noch vom Flur abgingen, habe ich ihr Gespräch mitbekommen. Der Chefarzt schlug eine noch höhere Dosierung der Tabletten vor. Der Stationsarzt meinte: „Das übersteht der Junge nicht". Da war ich schon das zweite Mal verheiratet, so viel zum „Jungen"…

Als die Visite weg war, habe ich den Stationsarzt darauf angesprochen. Er meinte, dass er bald ans UKE Eppendorf wechseln würde und versprach, mich dorthin zu holen. Und er hielt Wort. Er gab mir den Tipp, vor dem Hörsaal zu warten und Professor Bleifeld, einem Herzspezialisten, so lange zu nerven, bis er sich meines Falls annahm. Und so wurde ich schließlich von einer der größten Koryphäen auf dem Gebiet untersucht. Er fragte: „Was sind Sie von Beruf?" „Elektriker". „Sind Sie schon mal an den Strom gekommen?" „Jeden Tag." Ich erklärte ihm, wie in den Schaltstationen geprüft wurde: Finger nass machen, anfassen und warten, ob es prickelt. Er fragte nach: „Aber sind Sie mal so richtig hängen geblieben?" Da machte es bei mir Klick. So fand er schließlich heraus, dass ich das „Sick Sinus"-Syndrom hatte und einen Schrittmacher brauchte.

Auf der Schippe

1979 wurde der HSV deutscher Meister, im Lokalderby, die Fans der beiden gegnerischen Mannschaften nahmen das halbe Stadion auseinander – es gab viele Schwerverletzte, es war ganz schlimm. Ausgerechnet an diesem Sonnabend war meine OP angesetzt. Ein Pro forma Schrittmacher war mir unter örtlicher Betäubung unter großen Schmerzen eingesetzt worden. Ich war für die OP vorbereitet, mit Beruhigungsspritze und OP-Hemd, und wurde ich durch die Schleuse gefahren. Ich lag und lag und lag, um mich herum war Theater. Irgendwann ließ die Wirkung der Spritze nach. Am späten Nachmittag kam einer der Operateure vorbei, der weiße Kittel von Blut besudelt. „Die Idioten haben das halbe Volksparkstadion auseinander genommen, der HSV ist deutscher Meister." Und ich: „Juchu!" Und er: „Noch so ein Bekloppter." Er war fix und fertig. Wir einigten uns, die OP um eine Woche zu verschieben. Er schob mich aus dem OP-Saal und bestellte den Abholdienst. Irgendwann ging die Neonlampe aus, ich lag im Dunkeln. Ich hatte den ganzen Tag nichts getrunken und natürlich auch nichts gegessen und muss sehr schwach gewesen sein. Meine „Hallo?"-Rufe waren wohl eher ein leises Gepiepe. Als ich Schritte hörte und zwei Frauen, die sich unterhielten, nahm ich noch einmal alle Kraft zusammen. Ich wurde erhört: „Du, da hat jemand um Hilfe gerufen!", meinte eine der OP-Schwestern, die gerade auf dem Heimweg waren. Die andere entgegnete: „Zeit, dass wir nach Hause kommen, du drehst auch schon durch". Ich rief nochmal und plötzlich gingen die Lichter wieder an. „Huch, da liegt ja einer!" Bei Licht betrachtet haben sie mir wohl das Leben gerettet. Aus dieser Begegnung wurde eine jahrelange wunderbare Freundschaft. Immer, wenn ich in Eppendorf zur Kontrolle musste, haben wir uns bei Kuchen und Sekt an unsere skurrile Geschichte erinnert. Später musste ich sie noch öfter Studenten von Professor Bleifeld zum Besten geben, irgendwann wurde sie auch im HSV-Vereinsblatt veröffentlicht. Es sollte nicht der letzte Herzschrittmacher sein und auch nicht das letzte Mal, dass ich im OP vergessen wurde, aber sicherlich das spektakulärste.

Ein lebenswertes Leben?

Wenn ich mir jetzt im Alter von 80 die Frage stelle, ob ich mehr Pech oder mehr Glück gehabt habe im Leben, so muss ich sagen: Im Endeffekt hatte ich mehr Glück. Ich habe die beste Frau der Welt, eine tolle Familie, wir halten zusammen und haben ein ganz tolles Verhältnis.

Mein Leben als Erwachsener war ausgefüllt von der Familie, vom Sport, vielen Ämtern, vor allem aber der Musik: als aktiver Musiker und als Leiter und Ausbilder – im Spielmannszug Brockel und Kreisspielmannszugführer der Spielmanns-, Fanfaren- und Musikzüge im Kreisschützenverband Rotenburg. Aber auch als Mitbegründer vieler Zusammenschlüsse und Treffen, vom Kreisspielmannszugtreffen der Spielmanns- und Fanfarenzüge des Kreisschützenverbandes Rotenburg, Kreisspielleute-Orchesters des Kreisschützenverbandes Rotenburg bis zum sinfonische Jugend-Blasorchester Rotenburg (heute „Wümmphoniker") oder der Kontaktstelle Musik Rotenburg-Bremervörde. Alle Ehrungen, Medaillen und Urkunden aufzuzählen, würde hier zu weit führen. Aber sie zeigen mir, dass ich durch Taten und Vorleben etwas bewirken konnte. Und so kann ich die Frage nach dem lebenswerten Leben aus voller Überzeugung und trotz Allem so beantworten: Unbedingt!

Nachwort

Einige persönliche Worte der Chronistin

Ich durfte Alfred am Rande einiger Begegnungen in Verbindung mit unserer gemeinsamen Leidenschaft, der Musik, kennenlernen. Vorgestellt wurde er mir als „Ekel Alfred" – einer, der in Proben hereinplatzte, mit seiner Meinung nicht hinter dem Berg hielt und im sinfonischen Konzert als Ehrenvorsitzender auch mal den „Florentiner Marsch" einforderte – und auch bekam. Am Rande des Probenbetriebs für mehrere Konzerte lernte ich einen ganz anderen Menschen kennen: den leisen Alfred, geprägt von den schlimmen Erlebnissen seiner Vergangenheit. Dämonen, die der starke, laute Alfred, der in seiner Jugend rebelliert, auf den Tisch gehauen, und mehr als einmal auch zugeschlagen hatte, auch im Alter nie ganz loswurde. Je mehr er mir erzählte, desto mehr verdichtete sich bei mir das Bild eines Menschen, dessen Leben die Länge eines Hollywoodfilms gesprengt hätte.

Seinem Wunsch, sich mir als „Ohr für die Nachwelt" anzuvertrauen, bin ich gern nachgekommen, ebenso wie der Aufgabe, seine Worte in Form und zu Papier zu bringen. Es waren intensive Stunden, die er mit viel Disziplin und Bravour meisterte. Was ich erst einige Tage später erfuhr, nachdem ich die Wohnstube von Alfred und seiner Frau Marianne mit vielen Stunden Tonaufnahmen im Gepäck verlassen hatte: Nach dem schonungslosen Bericht über große Teile der eigenen Kindheit und Jugend bis ins Erwachsenenalter brach der 80-Jährige zusammen. Seine Lebensgeschichte als Vermächtnis für die Nachwelt zu erhalten, ist der Sinn dieses Buches. In seinen eigenen Worten, ehrlich, direkt, ohne Umschweife und Gefühlsduselei – eben Alfred.

Ulla Heyne

Impressum

Bibliografische Information der Deutschen Nationalbibliothek: Die Deutsche Nationalbibliothek verzeichnet diese Publikation in der Deutschen Nationalbibliografie; detaillierte bibliografische Daten sind im Internet über dnb.dnb.de abrufbar.

© 2021 Alfred Hoffmann
Herstellung und Verlag: BoD – Books on Demand, Norderstedt
ISBN: 978-3-7526-2024-5